Vergangenheit loslassen

Akzeptiere deine Vergangenheit, um deine volle Energie auf die Zukunft zu richten

Krisen überwinden, negative Gedanken stoppen und lernen loszulassen

Autorin: Johanna Herdwart

Copyright © 2019 Martin Dörnhaus

Alle Rechte vorbehalten.

INHALT

Das erwartet dich in diesem Buch................................ 5

Du kannst das Leben leichtnehmen, auch wenn es das nicht (immer) ist... 8

Einschncidende Erlebnisse 11

Das sind doch olle Kamellen 21

Der Mauerbau 22

Keiner ist fehlerfrei.. 23

Warum holt einen Menschen die Vergangenheit meist immer wieder ein?.. 25

Warum halten einige Menschen an ihrer Vergangenheit fest? 28

Psychosomatische Erkrankungen................................. 33

Heilt die Zeit nicht alle Wunden?................................. 37

Selbstvertrauen 45

Ergreife deine Chance, gewinne dein Selbstvertrauen (zurück!) 47

Lasse deine Gefühle zu (es handelt sich sowieso um widerspenstige Dinger) 52

Vorbild trotz schlechter Vergangenheit – darf der das?... 59

Du bist nicht allein..61

Der Schlüssel 64

Seelsorge im Gefängnis...69

Reden hilft...72

Nutze autogenes Training, um deine Vergangenheit loszulassen...75

Verändere dein bisheriges Leben.................................83

Jetzt bist du dran..87

Das erwartet dich in diesem Buch

Manchmal wünschst du dir, du wärst ein anderer Mensch. Du hast Mitleid mit dir selbst, weil du eine negative Vergangenheit durchlebt hast, die du einfach nicht ablegen kannst. Du fragst dich wieso gerade du so etwas durchleben musstest, womit du das eine oder andere verdient hast und wieso es immer dich trifft. Du denkst oft an deine negative Vergangenheit zurück, die du vielleicht nicht einmal selbst verschuldet hast.

Du wurdest in der Vergangenheit vielleicht zutiefst verletzt und nun hast du höllische Angst davor, dass dies noch einmal passieren könnte. Vielleicht trauerst du auch um jemanden, den du durch einen schweren Schicksalsschlag verloren hast oder du trauerst jemandem nach, der zwar lebt, sich aber für ein Leben ohne dich entschieden hat. Vielleicht hast du auch eine einschneidende Erfahrung machen müssen, die dich zutiefst mitgenommen hat.

Du findest einfach kein Ende. Das Gedankenkarussell dreht sich immer wieder um das einschneidende Erlebnis, welches vielleicht zwar schon länger zurückliegt, dich aber nach wie vor sehr bedrückt, weil dich das schlechte Ereignis der Vergangenheit in deinen Gedanken in der Gegenwart immer wieder aufsucht. Und auch die Zukunft wird immer wieder davon betroffen sein, weil du deine Vergangenheit Schritt für Schritt durch die Gegenwart trägst und diese auch in Zukunft nicht von dir abfallen wird.

Wie zum Teufel kannst du die Vergangenheit auch Vergangenheit sein lassen? Du ärgerst dich über dich selbst und verfluchst deine Gedanken, die einfach nicht aufhören wollen. Du bist deshalb unzufrieden mit dir selbst und wirst im Hier und Jetzt gestört, ausgebremst und abgelenkt. Du verfluchst deine Gedanken, du verfluchst dich und du kannst kaum noch dein Spiegelbild im Spiegel betrachten.

Damit du in der Gegenwart und nicht in der Vergangenheit leben kannst, ist es wichtig, dass du mit deiner Vergangenheit abschließt. Akzeptiere, dass die Vergangenheit zu deinem Leben dazugehört, aber akzeptiere auch, dass diese vorbei ist und nun nur noch das zählt, was jetzt ist und was in Zukunft kommt.

Albert Einstein, einer der bedeutendsten Physiker aller Zeiten, der im Jahr 1922 einen Nobelpreis für Physik erhielt, pflegte stets zu sagen: *„Mehr als die Vergangenheit interessiert mich die Zukunft, denn in ihr gedenke ich zu leben."*

Nimm dir daran ein Beispiel, denn dein Leben findet im Hier und Jetzt statt.

Wie du deine Vergangenheit Schritt für Schritt loslassen kannst und wieso es dir bisher so schwerfiel, deine Vergangenheit ruhen zu lassen, erfährst du in diesem Ratgeber.

Entscheide selbst, ob du dir die hier zu findenden Ratschläge zu Nutze machen möchtest, denn erst, wenn du gewillt bist, die Veränderung in deinem Leben herbeizuführen, bist du auch bereit die Vergangenheit loszulassen.

Du kannst das Leben leichtnehmen, auch wenn es das nicht (immer) ist

Das Leben ist zugegeben nicht immer einfach. Jeder von uns hat während seines bisherigen Lebens auch schlechte Erfahrungen machen müssen.

Auch in der Zukunft wirst du leider nicht von schlechten Ereignissen verschont bleiben. Zeiten, in denen du bangst, leidest, hoffst oder einfach gefrustet und ausgelaugt bist, wird es im Laufe deines Lebens immer wieder geben.

Auf der einen Seite könntest du aus diesem Grund in Selbstmitleid versinken oder – und das ist eindeutig die bessere Alternative – von den schlechten Ereignissen profitieren und aus ihnen lernen. Auch schlechte Ereignisse lehren uns, meist sogar mehr als positive Ereignisse, da sich diese stärker in unser Gedächtnis einbrennen.

Dies ist der Fall, weil wir für einen längeren Zeitraum schlechte Gefühle aushalten mussten oder immer noch müssen. Akzeptiere, dass die negativen Ereignisse zu der Schattenseite des Lebens gehören und diese, auch wenn du es dir noch so sehr erhoffst, nicht vermeidbar sind.

Umso wichtiger ist es, den Augenblick zu genießen. Entschleunige dein Gedankenkarussell und lebe den Moment. Natürlich kann deine Vergangenheit nicht ungeschehen gemacht werden. Schlechte Ereignisse können nicht einfach aus deinem Lebenslauf herausradiert werden, aber immerhin ist es nicht umsonst deine Vergangenheit und nicht deine Zukunft.

Menschen, die ihre Vergangenheit loslassen wollen, sind Menschen, die in ihrer Vergangenheit negative und schmerzhafte Erfahrungen gemacht haben. So wie es in deinem Fall sein wird.

Durch deine immer wiederkehrenden Gedanken an die negativen Erfahrungen deiner Vergangenheit und somit durch deine Gefühle, die durch deine Gedanken immer wieder in dir „zum Leben" erweckt werden, wird deine Vergangenheit erneut zu deiner Gegenwart.

Du fühlst in diesem Moment, sofern du die Vergangenheit noch nicht loslassen konntest, allein durch deine Gedanken, wie zu dem Zeitpunkt, als die negativen Gefühle in dir zum ersten Mal zum Vorschein gekommen sind. Aus diesem Grund ist es enorm wichtig, umzudenken. Wie dir das gelingen wird, erfährst du ebenfalls auf den folgenden Seiten.

Komm mit auf eine Schnupperreise zwischen Vergangenheit, Gegenwart und Zukunft. Am Ende dieser Reise zählen hoffentlich nur noch die Gegenwart sowie die Zukunft.

Einschneidende Erlebnisse

Schöne Augenblicke des Lebens möchte man am liebsten für immer festhalten.

Kennst du das Glücksgefühl, welches man verspürt, weil man beispielsweise gerade ein großartiges Jobangebot oder die Zusage für seine Traumwohnung erhalten hat? Das Gefühl des Verliebtseins, wenn man so richtig bis über beide Ohren in jemanden verknallt ist? Oder kennst du das Gefühl, wenn man einfach zufrieden und ausgeglichen ist, weil man im Kreise seiner Lieben einen schönen Tag verbringt? Mit Sicherheit kennst du diese Situationen und die dazugehörigen Gefühle.

In diesen Momenten bist du glücklich und fühlst dich beinahe so, als könnest du Bäume ausreißen!

Dann gibt es wiederum einschneidende Momente im Leben, in denen du zutiefst verzweifelt und regelrecht am Ende deiner Kräfte bist. Du wurdest oder hast jemanden sehr tief verletzt. Es treten also negative Gefühle in dir auf, die nur schwer auszuhalten sind. Die meisten Menschen wollen sich auch deshalb nicht mit den negativen Gefühlen auseinandersetzen. Einfacher ist es doch in diesem Fall, die negativen Gefühle einfach zu verbannen. So einfach ist das allerdings nicht, denn irgendwann kommen auch verbannte Gefühle zurück an die Oberfläche, wenn man diese nicht richtig behandelt. Dazu später mehr.

Erst einmal geht es darum welche einschneidenden Erlebnisse negative Gefühle in uns Menschen auslösen. Es gibt verschiedene Anlässe und jeder Mensch ordnet seine erlebten Momente auch in unterschiedliche Kategorien ein. Es gibt Erlebnisse, die uns Kraft geben, die uns mit neuer Lebensfreude erfüllen und stärken. Das sind die Erlebnisse, die wir in die Kategorie „Glück" einordnen.

Dann gibt es wiederum Erlebnisse, die kraftraubend, traurig und zum Verzweifeln sind. Hierbei handelt sich um Erlebnisse der Kategorie „Belastung". Alles Erlebte zwischen diesen beiden Kategorien „Glück" und „Belastung" sortiert ein Mensch in die Kategorie „Alltag" ein. Dabei handelt sich um Erlebnisse, die als nicht besonders empfunden werden, da diese regelmäßig eintreffen und von keiner großen Bedeutung (mehr) sind. Diese Erlebnisse werden - salopp ausgedrückt – einfach hingenommen. Der Mensch ist mit solchen Situationen zufrieden oder akzeptiert sie ganz einfach still, weil diese nicht der Rede wert sind.

Einschneidende Erlebnisse sind daher Erlebnisse, die uns formen. Alles, was ein Mensch während seines Lebens erlebt, wird ein Teil seiner Identität. Doch welche Erlebnisse, die wir in die Kategorie „Belastung" einsortieren, können im Laufe eines Lebens überhaupt eintreffen?

Menschen können durch folgende negative Erlebnisse stark beeinträchtigt werden:

- den Tod eines geliebten oder nahestehenden Menschen
- die eigene Scheidung oder das Ende einer Beziehung, das Ende einer Affäre oder Freundschaft
- einen eigenen schweren Fehler (Schuldgefühle)
- eine eigene Krankheit oder die Krankheit eines Verwandten, Bekannten oder Freundes
- Abhängigkeit
- einschneidende Erlebnisse, durch die du zutiefst verletzt wurdest
- eine unglückliche aber noch andauernde Beziehung
- einen Unfall

- Mobbing
- Erwartungen, die nicht erfüllt wurden (Enttäuschung)

Sehen wir uns die einzelnen negativen Erlebnisse noch einmal genauer an, damit diese verständlicher werden:

Der Tod eines geliebten oder eines nahestehenden Menschen

Wenn du bereits einen nahestehenden Menschen durch den Tod verloren hast, dann weißt du, wie sehr es schmerzt, einen geliebten Menschen zu verlieren und diesen gehen zu lassen.

Die eigene Scheidung oder das Ende einer Beziehung, Affäre oder Freundschaft

Eine Trennung ist auf eine gewisse Art und Weise immer schmerzhaft. Egal, ob du die Person bist, die die Trennung oder die Scheidung gewollt hat oder - und das ist definitiv das schlimmere Übel - du die Trennung oder Scheidung gar nicht willst. Zwei Personen, die evtl. eine lange Zeit miteinander verbracht haben, gehen nun getrennte Wege. Der Kummer, der nun bei demjenigen, der nicht für die Trennung oder

Scheidung ist, hinterlassen wird, ist unerträglich und führt zu einer besonders heftigen Art des Liebeskummers.

Der selbstverschuldete, schwerwiegende Fehler

Du hast in deiner Vergangenheit vielleicht einen schwerwiegenden Fehler begangen, den du mittlerweile zutiefst bereust und nun wirst du genau aus diesem Grund Tag ein Tag aus von Schuldgefühlen geplagt. Wie sehr kann man sich doch über sich selbst ärgern. Wie oft schlägt man die Hände über dem Kopf zusammen und fragt sich, wie man so leichtsinnig in eine bestimmte Situation geraten sein kann. Einige dieser begangenen Fehler begleiten uns bis in die Gegenwart sowie bis in die Zukunft.

Die eigene Krankheit oder die Krankheit eines Verwandten, Bekannten oder Freundes

Vielleicht warst du schon einmal sehr krank oder du leidest noch heute unter einer Erkrankung, die dich bzw. deinen Alltag enorm einschränkt. Vielleicht hast du auch einen Verwandten, Freund oder Bekannten auf seinem holprigen Weg, den er oder sie durch eine schwere Erkrankung zu gehen hatte, begleitet. Auch wenn du nicht selbst durch eine eigene Erkrankung betroffen bist, fordert es allein so schon reichlich

Kraft, für den betroffenen Menschen rund um die Uhr da zu sein.

Die Abhängigkeit

Menschen, die von einer Sache oder einer anderen Person abhängig waren, haben sich in dieser Zeit selbst verloren. Ein gutes Beispiel hierfür ist der Drogenmissbrauch. Menschen, die in ihrer Vergangenheit abhängig von Drogen waren, erlebten aufgrund dessen viele negative einschneidende Erlebnisse, die sich fest in ihren Köpfen eingebrannt haben. Einige dieser Personen mussten aufgrund ihrer Abhängigkeit an Geld für die Suchtmittel kommen und sind vielleicht dadurch vom rechten Weg abgekommen, haben sich in Lügen verstrickt und Menschen bewusst hintergangen. Sie durchlebten eine harte Vergangenheit, die sie noch heute immer wieder einholt. Vielleicht haben diese Menschen ihre Strafe bereits verbüßt, indem sie vielleicht zu einer Geld- oder sogar Freiheitsstrafe verurteilt wurden. Doch wie sieht es mit ihrem Gewissen nach dem Verbüßen der Strafe aus?

Ein einschneidendes Erlebnis, durch welches du zutiefst verletzt wurdest

Angenommen es befindet sich ein Mensch in der Opferrolle, d.h. er wurde während seines Lebens zum

Opfer, in dem er körperlich oder seelisch verletzt oder misshandelt wurde. Dieser Mensch wurde ungewollt zutiefst verletzt, so dass er sehr mit den Folgen dieser Verletzungen zu kämpfen hat. Als gutes Beispiel eignet sich hier das Thema Stalking. Einem Menschen wird über einen längeren Zeitraum immer wieder aufgelauert, es wird ihm Angst, vielleicht sogar Todesangst, gemacht. Durch diese Bedrohung entwickeln sich negative Gefühle wie Angst, Wut und Traurigkeit beim Opfer. Selbst wenn dieser Spuk vorbei ist, wird das einschneidende Erlebnis immer in seinem Leben präsent sein. Zumindest solange bis der gekränkte Mensch mit seiner Vergangenheit abgeschlossen hat.

Die unglückliche aber noch andauernde Beziehung

Das Gedankenkarussell will einfach nicht enden. Trennen oder bleiben? Bleiben oder trennen? Auch in bestehenden Beziehungen kann es immer wieder zu negativen einschneidenden Erlebnissen kommen, die Teil der Zukunft werden können, solange man den Kreislauf nicht unterbricht. Leidet ein Mensch in seiner Beziehung beispielsweise unter häuslicher Gewalt, so werden die negativen Erlebnisse so lange Teil der Gegenwart bleiben, bis eine deutliche Veränderung vorgenommen wird. Entweder seitens des Täters oder seitens des Opfers. Die Vertrauensbasis ist ohnehin gestört. Wie die Veränderung auch aussehen mag, für das Opfer muss sich die Situation verändern, damit die negativen Erlebnisse der Vergangenheit auch Teil der Vergangenheit bleiben.

Der Unfall

Ob im Haushalt, im Straßenverkehr oder am Arbeitsplatz – überall und zu jeder Tages- und Nachtzeit kann ein Mensch durch einen Unfall verletzt werden. Dieses einschneidende Erlebnis wird immer ein Teil der Gegenwart bleiben. Auch wenn die körperliche Erholung eingetreten ist, wird im Unterbewusstsein der Unfall immer präsent sein. Auch wenn es nur Vorsichtsmaßnahmen sind, die nach dem Erleiden des Unfalls von der verunfallten Person in Zukunft getroffen werden.

Das Mobbing

Überall kommt es heutzutage leider vor. Bereits im Kindergarten beginnt es, in der Schulzeit hört es nicht auf und auch am Arbeitsplatz, im Verein oder im Internet kann es immer wieder vorkommen. Die Rede ist von Mobbing. Wie verletzend Mobbing sein kann, zeigen etliche jüngere Fälle von Menschen, die ihrem Leben aus diesem Grund ein Ende gesetzt haben. Das eigene Selbstwertgefühl befindet sich im Keller. Das

Opfer fühlt sich wertlos, unverstanden und überflüssig. Es kostet jede Menge Zeit, Geduld, Energie und Kraft, das eigene Selbstwertgefühl erneut aufzubauen und sich selbst zu akzeptieren.

Erwartungen, die nicht erfüllt wurden

Es kann einen Menschen auch sehr verletzen, wenn Erwartungen nicht erfüllt werden. Dieser Mensch wird in diesem Fall zutiefst enttäuscht und Enttäuschungen schmerzen ebenfalls. Diese Enttäuschungen oder besser die Erfahrung, dass die Erwartungshaltung nicht erfüllt wurde, kann ebenfalls als negatives Lebensereignis in das Leben eines Menschen übergehen.

All die beschriebenen Punkte können also als negative Vergangenheit in das Leben eines Menschen eingehen. Du wirst wissen, welcher dieser Punkte dich belastet und welchen dieser Punkte du deshalb loslassen möchtest. Du möchtest mit dem Grübeln und den negativen Gefühlen in Bezug auf dein persönliches Thema abschließen und die Vergangenheit auch Vergangenheit sein lassen. Du bist auf dem richtigen Weg, wenn du die hier beschriebenen Hilfestellungen nutzt und ganz tief in deinem Herzen auch wirklich etwas ändern möchtest. Denn die Veränderung an sich kannst nur du selbst vornehmen.

Das sind doch olle Kamellen

Sicherlich hast du diesen Spruch auch schon einmal irgendwo aufgeschnappt. Sei dir bewusst, dass die Vergangenheit auch wirklich die Vergangenheit ist. Es war einmal. Lass die Vergangenheit bewusst ruhen und rüttle sie nicht selbst in Gedanken immer wieder auf.

Der Spruch „Das sind doch olle Kamellen" oder „Diese ollen Kamellen interessieren nun wirklich keinen mehr" stammt aus dem 18. Jahrhundert und bezieht sich auf die Heilpflanze Kamille. Durch lange Lagerung verliert die Heilpflanze an Geruch und Heilkraft, was sie so gut wie unbrauchbar macht. Also hat aus diesen Gründen niemand mehr Interesse an einer ollen Kamelle.

Auch du solltest dein Augenmerk nicht auf deine „ollen Kamellen" legen, sondern mit geradem Rücken und aufrecht stehend in die Zukunft blicken. Nutze deine Energie für das, was ist, für das was kommt und nicht für das was einmal war.

Der Mauerbau

Du wurdest verletzt, gekränkt, ausgenutzt oder betrogen. Um dich vor den negativen Gefühlen, die dadurch entstehen, zu schützen, entwickelst du einen Selbstschutz, um kühler zu wirken. Das Problem ist, dass dies leider nur der äußere Schein ist, tief in dir spürst du dennoch die Hilflosigkeit, die innere Unruhe sowie die Last auf deinem Herzen.

Einen gewisser Grad der Belastung kann immer ertragen werden, sobald es allerdings zu viel ist, fühlst du dich schnell überfordert, hilflos und ausgelaugt.

Mit der Zeit entwickelt sich daher eine innere Mauer, an der, so hoffst du, alles abprallt, was dich belastet. Diese Mauer ist ein ganz natürlicher Schutzmechanismus eines Menschen, der dir vorerst, aber nicht auf Dauer helfen wird.

Du musst dich auch tief in deinem Innern von der Belastung lösen und diese, so gut es geht, aus neutraler Sicht bewerten. Denke in kleinen Schritten und male dir in Gedanken keine Katastrophen aus.

Keiner ist fehlerfrei

Versinke nicht in Selbstmitleid und mache dir nicht ständig Vorwürfe. Kein Mensch ist frei von Fehlern. Kein Mensch ist perfekt.

Schuldgefühle machen wir uns dann, wenn wir unser Verhalten als Fehlverhalten interpretieren.

Hierzu zählt zum einen das schlechte Gewissen, welches du hast, wenn du beispielsweise den Geburtstag eines Freundes vergessen hast. Du erwartest von dir bestimmte Dinge, auf die du selbst viel Wert legst, zu erfüllen und wenn dies einmal nicht der Fall sein sollte, malst du dir aus, was für ein schlechter Mensch du doch bist.

Zu ändern ist dein „Fehlverhalten" ohnehin nicht, da es in der Vergangenheit liegt. Daher kannst du nicht mehr als eine ernst gemeinte Entschuldigung, ob telefonisch oder persönlich und die Einladung auf eine Tasse Kaffee unternehmen, um dein schlechtes Gewissen zu beruhigen und um dem Menschen, der dir wichtig ist, so eine Freude zu bereiten. Das Thema kann daher also abgehakt werden und im nächsten

Jahr wirst du sicherlich an den Geburtstag denken.

Wenn unser schlechtes Gewissen bei kleineren Dingen, die geschehen sind, schon so groß ist, wie sieht es dann erst bei größeren Dingen aus, die wir uns vorwerfen? Wie kannst du Frieden mit dir selbst schließen?

Vor allem ist es wichtig, dass du mit dem Ballast an Schuldgefühlen nicht allein bist. Teile dich anderen Menschen daher mit. Suche dir jemanden, der dir zuhört. Dies kann ein Familienmitglied, ein Freund oder auch ein Psychologe sein, dem du dich anvertraust.

Akzeptiere dein „Fehlverhalten". Es wird schon seine Gründe gehabt haben, weshalb du in dieser Situation genauso reagiert hast, wie du reagiert hast. Sei gelassener im Umgang mit dir selbst. Verzeihe dir. Auch du bist nur ein Mensch, der immer sein Bestes gibt. Missgeschicke oder Unglücke gehören zum Leben nun mal leider dazu.

Behandle dich selbst so, wie du auch einen guten Freund behandeln würdest. Setze die Ratschläge, die du auch einem guten Freund erteilen würdest, für dich um. Schenke dir mehr Selbstvertrauen und Herzlichkeit. Du bist es wert.

Warum holt einen Menschen die Vergangenheit meist immer wieder ein?

Das liegt vor allem daran, weil der Mensch denkt. Nachdenken ist auch richtig und wichtig. Wenn das Nachdenken allerdings ins Grübeln übergeht, kann es gefährlich werden. Wir befinden uns dann nämlich in einer offenen Schleife, die nicht zu Ende gedacht werden kann, weil wir nämlich kein Ende finden oder auch manchmal kein Ende finden wollen.

Wir sitzen da und grübeln, wir fahren Auto und grübeln, wir liegen vor dem Einschlafen im Bett und grübeln. Was muss also passieren? Richtig. Das Grübeln muss aufhören, denn nur durch unsere Gedanken katapultieren wir uns immer wieder zurück in bestimmte Situationen, die im Grunde genommen längst vorbei sind.

Natürlich gibt es Ursachen, die das Grübeln oder den „Flashback" (d.h. das immer wiederkehrende Abspulen des einschneidenden Erlebnisses in Gedanken) in uns auslösen. Hierbei handelt es sich um sogenannte „Trigger". Das Wort „Trigger" stammt aus der englischen Sprache und bedeutet Auslöser.

Tiefergehende Informationen zum Thema „Grübeln stoppen", erhältst du in diesem Buch: https://www.amazon.de/dp/1797030833

Diese Auslöser, dass Menschen sich in eine bestimmte Situation zurückversetzt fühlen, als wäre die durchdachte Situation die Realität, die unangenehme Gefühle, Gedanken oder Verhaltensweisen in ihnen hervorruft, können spezielle Gerüche, bestimmte Geräusche, einzelne Wörter, Gegenstände, Lieder, Handlungen, Orte oder Sätze sowie eine spezielle Farbe sein. Der Mensch fühlt sich in dieser Situation hilflos und ängstlich. Auch weitere Gefühle – bis hin zur Todesangst – können durch bestimmte Trigger ausgelöst werden.

Menschen, die ein Trauma erlitten haben, erlebten eine lebensbedrohliche und enorm beängstigende kurze oder länger andauernde Situation, die außerhalb des „normalen" Erfahrungsbereichs liegt. Diese Menschen fühlten sich zum Zeitpunkt des Geschehens ohnmächtig, sie verloren zudem die Kontrolle über sich selbst sowie über die Gesamtsituation und waren dem Ereignis somit komplett ausgeliefert. Das Erleben einer solchen Situation ist mit enormem körperlichem oder seelischem Leid verbunden.

In den meisten Fällen werden diese einschneidenden Erlebnisse verdrängt – bis sie eines Tages an die Oberfläche geraten. Außenstehende können für betroffene Personen in Zeiten eines Flashbacks da sein. Reden muss der Betroffene allerdings von allein. Mit Zwang kommt man hier überhaupt nicht weiter. Habe Geduld, was dich selbst und andere Personen betrifft.

Warum halten einige Menschen an ihrer Vergangenheit fest?

Ein wichtiger Aspekt ist hier der „Schutzraum", in dem sich einige Menschen aufgrund ihrer negativen Vergangenheit befinden, den sie einfach nicht verlassen möchten. Es lebt sich in diesem Schutzraum vermeintlich ganz bequem und um seine Komfortzone zu verlassen, gehört schon eine gewisse Portion Mut dazu. Diesen Mut wollen manche Menschen einfach nicht aufbringen oder sie meinen, dass sie ihn gar nicht aufbringen können. Die Menschen sind sehr bequem und schätzen das, was sie kennen. Alles Neue ist erst einmal fremd und alles Fremde könnte Arbeit bedeuten, auf die die meisten von ihnen auch keine große Lust haben.

Wenn eine Person eine negative Vergangenheit durchlebt hat und andere Menschen im Umfeld des Betroffenen Kenntnis darüber haben, wird diese Person, wenn auch nur unterbewusst, speziell behandelt. Die Person, die leiden musste oder auch immer noch leidet, erhält viel Aufmerksamkeit von Verwandten, Freunden, Kollegen und Bekannten. Eben von all jenen, die von der schlechten Vergangenheit des Betroffenen wissen. Es wird sich regelmäßig nach dem

Befinden des Betroffenen erkundigt, die Menschen zeigen aus echter Anteilnahme heraus und manchmal auch - und hier ist Vorsicht geboten - rein aus Neugier Interesse an der Person. Es ist doch schön, wenn andere Menschen sich für einen selbst interessieren, oder nicht?

Außerdem wird auf den Betroffenen Rücksicht genommen. Er wird sozusagen mit Samthandschuhen angefasst. Leidet eine Person beispielsweise aufgrund eines einschneidenden negativen Erlebnisses unter Angst- und Panikattacken und vermeidet daher die Nutzung öffentlicher Verkehrsmittel, so plant man als Angehöriger, dem dies bewusst ist, die Fahrten zu einem Ereignis mit dem Auto, anstatt mit der Bahn, um der betroffenen Person zu helfen und diese zu unterstützen. Der Betroffene wird also in Watte gepackt.

Natürlich ist es wichtig und richtig auf erkrankte Menschen Rücksicht zu nehmen, aber der Betroffene selbst ist dafür verantwortlich, sich aus dieser verzwickten Situation zu befreien. Die Vermeidungstaktik ist hier die falsche Strategie. Die erkrankte Person muss sich selbst beweisen, dass beispielsweise bei der Nutzung öffentlicher Verkehrsmittel nichts Schlimmes passiert und dadurch so wieder Routine entwickeln, normale Situationen, die er zuvor ohne Angststörung auch „gemeistert" hat, als ungefährliche

Normalität anzusehen.

Kommen wir noch einmal zurück zum Thema „Mut" und somit zu einer kleinen Geschichte.

Der mächtige Zirkuselefant und der kleine Holzpfahl

Schon als Kind begeisterte mich alles, was mit dem Thema „Zirkus" zu tun hatte. Deswegen war ich auch einer der Jungen, die sich sofort Richtung Festplatz aufmachten, sobald der Zirkus in der Stadt war. Ich beobachtete wie die Schausteller ihre Wagen auf dem Festplatz parkten und anfingen, ihr großes Festzelt aufzubauen.

Ich bekam mit, wie die kleinen Ponys mit Heu verpflegt wurden und wie der Clown mit seinen Bällen jonglierte. Ebenso fiel mir inmitten des Treibens am Rande des Festplatzes ein mächtiger Zirkuselefant auf, der ca. 3 Meter groß und bestimmt 5 Tonnen schwer gewesen sein musste. Er stand ruhig unter einem hohen Baum und schwang seinen Rüssel an die Blätter des Baumes, unter dem er stand. Einige bekam er sogar zu fassen. Fraß diese allerdings nicht.

Schnell fragte ich mich, wieso der Elefant, der scheinbar frei war, da er nicht in einem Käfig steckte, nicht floh. Aus Neu-

gier ging ich ein paar Schritte auf ihn zu und bemerkte, dass der mächtige Elefant nicht floh, weil er angekettet war. Dieser Elefant war an einen kleinen Holzpfahl, der in der Erde steckte, gekettet.

Aber könnte dieser 5 Tonnen schwere Elefant den Holzpfahl nicht mit links untauglich machen und in wenigen Sekunden einfach von Dannen ziehen? Als Kind beschäftigte mich diese Frage immer und immer wieder, obwohl ich den mächtigen Zirkuselefanten nie wiedersah.

Als ich älter war, fiel mir irgendwann urplötzlich aus heiterem Himmel wieder der Zirkuselefant, der doch ganz einfach fliehen hätte können, ein.

Und da - auf einmal wusste ich, weshalb der große Elefant nicht floh.

Der Elefant konnte es nicht! Und weshalb nicht? Weil er seit frühester Kindheit daran gewohnt war an diesen Holzpfahl gefesselt zu sein. Vielleicht hatte er als junger, kleiner Elefant schon einmal versucht, sich von dem Holzpflock zu lösen und da hatte er es nicht geschafft, weshalb er es auch nicht wieder versuchte. Er hat sich seitdem seinem Schicksal hingegeben.

Er denkt nicht mal im Traum daran, dass er es als ausgewachsener Elefant durchaus noch einmal versuchen könnte und es sogar schaffen würde!

Psychosomatische Erkrankungen

Psychosomatische Erkrankungen sind Leiden, die die Lebensqualität eines Menschen stark einschränken. Essstörungen, Kontrollzwänge, Verspannungen, Schlafstörungen, Schwindel oder Migräne gehören beispielsweise zu den psychosomatischen Erkrankungen, die ein Mensch ertragen muss.

Das Leben eines Menschen, der von einer psychosomatischen Störung betroffen ist, wird komplett von der Erkrankung bzw. von den Symptomen, die die psychosomatische Erkrankung ausmachen, bestimmt. Ein erkrankter Mensch lässt dich daher fremdbestimmen, in dem er seinen Alltag komplett auf die Erkrankung ausrichtet. Die psychosomatische Erkrankung hat also das Sagen und ihr Wirt hat scheinbar nicht mehr ganz so viel Spielraum wie zuvor in seinem Leben.

Psychosomatische Erkrankungen entstehen, wenn unsere Seele aus dem Gleichgewicht gerät. Eine Hauptursache für die Entstehung einer psychosomatischen Erkrankung ist das Unterdrücken von Gefühlen. Unser Körper schlägt Alarm und sendet Gefühle bzw. Botschaften aus, um seinen Wirt auf die Problematiken aufmerksam zu machen. Aufmerksam auf dich selbst. Sei deinen Symptomen behilflich und kümmere dich mehr um dich selbst. Wie du das machst, erfährst du hier:

- Jeder Mensch ist einzigartig. Du bist du und das ist richtig so. Höre mit den Vergleichen auf. Liebe dich so, wie du bist. Akzeptiere dein Aussehen, deinen Charakter und somit auch dein Handeln. Sei du selbst. Sage, was du sagen möchtest. Lache, wenn du lachen möchtest. Lege nicht so viel Wert darauf, was andere Menschen von dir denken könnten. Lebe dein Leben und ziehe dein Ding durch. Natürlich ist Rücksichtnahme in Bezug auf andere Menschen oder überhaupt andere Lebewesen, Regeln und Verpflichtungen wichtig für ein geregeltes Leben, aber zu viel Rücksicht auf andere Menschen verformt dich. Finde also das passende Gleichgewicht.

- Baue gute Freundschaften auf und pflege diese. Sozialer Kontakt zu anderen Menschen ist ein Grundbedürfnis des Menschen. Eine kleine Gruppe von Menschen, denen du vertraust und denen du dein Herz ausschütten kannst, reicht aus. Hier findest du gute Gespräche, ernstgemeinte Ratschläge und immer ein offenes Ohr, wenn es um dich und deine Anliegen geht.

- Nimm dir Zeit, um zu genießen. Wann hattest du das letzte Mal Zeit nur für dich selbst? Es ist enorm wichtig, dass du dir im stressigen Alltag Ruhepausen gönnst und du einfach auch einmal abschalten kannst.

- Teile deine wertvolle Lebenszeit gut und durchdacht ein. Vergeude deine Zeit nicht mit unnützen Dingen. Tue das, was wirklich wichtig oder für dich sinnvoll erscheint. Höre öfter gute Musik, lese ein großartiges Buch oder unternehme einen Spaziergang im Grünen. Verabrede dich, gehe schwimmen oder schaue einen interessanten Film. Gönn dir deine Auszeiten.

- Entspanne dich. Ob mithilfe des autogenen Trainings oder ganz ohne Geräuschkulisse. Tue deinem Körper und deinem Geist etwas Gutes. Sorge für dein inneres Gleichgewicht. Jegliche Beschäftigung, die es dir erlaubt, abzuschalten und dich gut mit dir selbst zu fühlen, ist geeignet.

- Lerne, nein zu sagen. Du möchtest es anderen Menschen immer recht machen? Selbst wenn du damit unzufrieden bist und du dich dafür zum Teil selbst hinten anstellen musst? Lerne dich selbst zu schätzen, indem du dich an die erste Stelle setzt. Du bist dir wichtig und danach folgen alle weiteren Personen, denn wenn es dir gut geht, dann können auch andere davon profitieren.

Heilt die Zeit nicht alle Wunden?

Die Zeit heilt alle Wunden, es sei denn, man kratzt sie wieder auf.

Wunden hinterlassen Narben.

Die Narben, die manche Menschen im Laufe eines Lebens ansammeln, lassen sich leider kaum vermeiden. Entscheidend für eine kaum sichtbare bzw. spürbare Narbe auf der Seele eines Menschen sind eine sorgfältige Behandlung der Wunde und ein positiver Heilungsverlauf.

Wie die sorgfältige Behandlung der Wunde umgesetzt und ein positiver Heilungsverlauf unterstützt werden können, erfährst du auf den kommenden Seiten dieses Ratgebers. Zuerst einmal geht es um den altbekannten Spruch „Die Zeit heilt alle Wunden". Als Kind hast du sicherlich auch den Spruch „Bis du heiratest, ist alles wieder gut" gehört. Doch was ist dran an diesen Lebensweisheiten, die schon unsere Eltern sowie Großeltern von ihren Eltern zu hören bekommen haben?

Als Kind trösten uns diese Floskeln sicherlich auf die eine gewisse Art und Weise. Man vertraut darauf, dass mit der Hochzeit, die in einem Kinderkopf noch meilenweit entfernt ist, wirklich alles gut wird. Wenn Mama und Papa das meinen, dann wird es bestimmt auch so sein. Basta.

Wenn du allerdings älter oder bereits verheiratet, in einer Beziehung gebunden oder auch geschieden bist, kannst du nicht mehr durch eine solche Lebensweisheit getröstet oder zur Ruhe gebracht werden.

Wenn du dich also etwas mit dem obenstehenden Spruch beschäftigst, wirst du diesem sicherlich zustimmen. Deine negative Vergangenheit hat tiefe Wunden bei dir hinterlassen, die verhcilen können, wenn du dir die nötige Zeit, Ruhe und Kraft nimmst, die du dazu benötigst.

Natürlich bleiben Narben auf deiner Seele bestehen. Narben, die auch präsent wären, wenn du beispielsweise eine Operation an deinem Körper hättest vornehmen müssen oder Narben, die präsent wären, wenn du als Kind bei einem Fahrradsturz auf die Knie gefallen wärst.

Narben erzählen Geschichten. Geschichten, die du im Laufe deiner bisherigen Zeit auf dieser Erde erlebt hast.

Die Zeit kann also Wunden heilen, die Narbenbildung, die nach einer Wunde folgt, allerdings nicht vermeiden. Die Narben verbleiben demnach ein Leben lang, dein Leben lang. Narben sind endgültig, jedoch sind sie nicht unveränderlich. Die Heilung einer Wunde ist in drei Stufen untergliedert: Entzündungs-, Reparatur- und Wiederaufbauphase.

Beachte diese drei Phasen für die Erklärung deiner seelischen Wunden, die in dir entstanden sind.

Ist seit dem Erleben deines einschneidenden Erlebnisses erst wenig Zeit vergangen, so ist die Narbe noch sehr stark entzündet, sie brennt und sticht und ist daher rund um die Uhr für dich präsent. Es handelt sich also um die Entzündungsphase.

Für die Reparatur der Wunde sind du und die Zeit verantwortlich. Die Zeit wird dich bei der Reparatur allerdings nur unterstützen, indem sie dir zur Verfügung steht. Im Großen und Ganzen aber bist du für die Ersatzteile zuständig, die du für die Reparatur beschaffen musst.

Stelle es dir vor wie eine Reparatur eines Fahrradreifens. Du benötigst Flickzeug, um das Loch zu flicken, einen größeren Behälter, der mit Wasser gefüllt ist, sowie Werkzeug, damit du das Rad aus dem Rahmen lösen kannst.

Ganz gleich was deine Ersatzteile sind, um die Reparatur durchführen zu können, ob Gespräche mit Angehörigen, Therapiesitzungen, Ablenkung, das Ausgehen mit Freunden, eine Kur oder eine Auszeit, du allein bist für die Beschaffung des Werkzeugs verantwortlich.

Die Wiederaufbauphase ist die Phase, die beginnt, nachdem die Reparatur deiner Seele vorgenommen wurde.

Vielleicht bemerkst du erst gar nicht, dass du auf einmal von der Reparaturphase in die Wiederaufbauphase übergegangen bist. Aber früher oder später wird dir dieser Wechsel ganz deutlich bewusst und du kannst stolz auf dich sein.

Denn sorgfältig versorgte Narben sind in der Regel deutlich weicher, blasser und weniger erhaben, als unversorgte Narben.

Kommen wir noch einmal zurück auf das Thema „Zeit". Was passiert eigentlich mit uns, während sich die Uhr einfach weiterdreht? Was passiert in uns und was ändert sich an unserem Befinden, wenn wir nicht direkt Veränderungen vornehmen, die uns helfen könnten, sondern diese beinahe automatisch vonstatten gehen?

Anhand des Liebeskummers ist das ganz gut zu verdeutlichen. Der Liebeskummer, den ein jeder Mensch schon mindestens einmal während seines Lebens in welcher Weise auch immer durchlaufen musste, wird in fünf Phasen gegliedert.

1. Die Irritation

Diese Phase erlebst du eher unbewusst. Die Phase der Irritation gibt es zwar, allerdings nimmst du sie erst im Nachhinein deutlicher wahr. Wenn du zurückdenkst, gestehst du dir vielleicht ein, dass in deiner Beziehung oder deiner Ehe zuletzt nicht mehr alles rosig war wie bisher. In den Wochen oder Monaten vor der Trennung verläuft einiges in einer Beziehung nicht mehr wie gewohnt. Du verdrängst dieses ungute Gefühl allerdings und versuchst Bemerkungen oder Gesten deines Partners, die dich eigentlich auf die mögliche Trennung aufmerksam machen sollten, nicht an dich heranzulassen. Du fängst an zu hinterfragen. Du hinterfragst dich selbst, beobachtest kritisch die aktuelle Situation und fragst deinen Partner immer und immer wieder nach seinem persönlichen Befinden und ob dieser noch etwas für dich empfindet. Du erhältst keine negative Rückmeldung deines Partners und du lässt daraufhin das ungute Gefühl irgendwo, ganz tief unten, verschwinden bzw. unter den Teppich fallen. Du beruhigst dich selbst und lebst erst einmal weiter wie bisher auch.

2. Die Lähmung

Es ist passiert. Du und dein Partner seid getrennt. Dein Albtraum wurde wahr. Dein Partner hat sich für ein Leben ohne dich entschieden. Für die Trennung gibt es viele Gründe. Die Liebe ist verlorenen gegangen, es gibt einen neuen Menschen im Leben deines Partners, man hat sich auseinander gelebt…Das, was du so lange ignoriert und weggeschoben hast, ist nun eingetroffen. Du hättest es ahnen müssen, oder? Du erstarrst regelrecht, dir ist schlecht, alles in dir und um dich herum dreht sich. Du hast keinen Halt mehr. Alle möglichen Gedanken gehen wie im Schnelldurchlauf durch deinen Kopf. Du fühlst dich hilflos und leer, dein Herz sticht, du fühlst dich krank und hast keinen Appetit. Was du auch tust, nichts lindert deinen Schmerz. Eigentlich könnte man sagen, dass du in dieser Phase des Liebeskummers nicht zurechnungsfähig bist, da du nicht einen klaren Gedanken fassen kannst. Sollte es sich nicht um eine Beziehung oder Ehe handeln, die beendet wurde, kannst du genauso fühlen, wenn eine Affäre, an der du emotional sehr hängst, beendet wurde. Egal, was du in dieser Phase tust, ob du fernsiehst, telefonierst oder arbeitest – in deinem Kopf dreht sich alles nur um die eine Person, die sich für die Trennung entschieden hat und um die Angst vor dem, was nun kommen mag. Du nimmst deine Umwelt in dieser Phase nur unbewusst wahr.

3. Die Verhandlungstaktik

Die Phase deiner Lähmung geht langsam vorüber und du nimmst wieder mehr am Leben teil. Du versuchst mit deinem ehemaligen Partner zu verhandeln und bietest ihm alles Mögliche an, was dir einfällt, damit er oder sie doch bei dir bleibt bzw. zu dir zurückkommt. Du wärst sogar dazu bereit, dich selbst aufzugeben, um die Beziehung „zu retten". Du versuchst Kontakt herzustellen und versuchst, falls dein ehemaliger Partner sich bei dir meldet, jedes Wort, ja sogar jedes Satzzeichen, zu interpretieren. Die Gefahr ist, dass du deinen Ex-Partner in dieser Phase überforderst. Derjenige könnte sich aufgrund dessen noch weiter von dir entfernen. Du schwebst zwischen Hochmut und tiefer Trauer - eine Achterbahnfahrt der Gefühle.

4. Das Eingeständnis

Diese Phase könnte man auch als Stillstand bezeichnen, da es weder vor noch zurückgeht. Die Trennung schmerzt noch sehr in dir, aber du musst dir eingestehen, dass es vorbei ist. Du quälst dich mit Schuldzuweisungen und mit Selbstzweifeln. Deine Trauer legt sich langsam in Wut um, da du die Situation noch immer nicht fassen kannst und du emotional noch immer sehr aufgewühlt bist.

5. Die Akzeptanz

Wenn du innerlich akzeptiert hast, dass die Beziehung vorbei ist, beginnt die eigentliche Trauerarbeit. Vielleicht hast du jetzt das Bedürfnis, dich abzulenken. Vielleicht magst du aber auch nur wenig sprechen und lieber allein sein. Jeder Mensch bevorzugt hier seine eigene Art der Trauerbewältigung. Vorsichtig baust du in dieser Phase dein Selbstwertgefühl wieder auf. Natürlich ist der Liebeskummer nicht schlagartig vorbei. Immer wieder kann es vorkommen, dass du in Erinnerungen schwebst, die dich traurig, wütend und fassungslos machen. Du hast die Trennung erst akzeptiert, sobald du damit beginnst, dein Leben neu aufzubauen und dir das auch gelingt. Der Schmerz geht vorbei, irgendwann…du wirst es merken.

Selbstvertrauen

Verlasse dich auf andere, dann bist du verlassen. Auch diesen Spruch wirst du im Laufe deines Lebens vielleicht schon einmal gehört haben. Auch wenn du eine Familie hast, die hinter dir steht und du einen guten Freundeskreis hast, ist es enorm wichtig, dass du dich auch auf dich selbst verlassen und dir vertrauen kannst.

Es gibt Momente in unserem Leben, da müssen wir selbst eine Kraft entwickeln, um nicht stehenzubleiben und daran kaputt zu gehen. Schau nach vorne und nicht zurück.

Jeder Mensch macht Fehler, jeder hat seine eigene Art und seine eigene Einstellung zum Leben und zu allen Dingen, die zum Leben dazugehören.

Und einen Menschen und vor allem sich selbst zu mögen oder zu lieben, heißt, diesen Menschen zu respektieren und zu akzeptieren. Deine Vergangenheit gehört zu dir, sie hat aus dir den Menschen gemacht, der du heute bist, aber die Zukunft ist die Zeit, über die du selbst bestimmen kannst. Wenn die Vergangenheit wichtiger wäre als die Zukunft, dann müssten Menschen rückwärts laufen.

Ergreife deine Chance, gewinne dein Selbstvertrauen (zurück!)

Das Durchleben deiner negativen Vergangenheit hat dich ziemlich geschwächt und hat dein Selbstvertrauen sowie dein Selbstwertgewühl enorm angegriffen. Du hast das Vertrauen in andere und auch in dich selbst komplett verloren. Du fühlst dich klein und wertlos.

Lass' den Kopf nicht hängen. Schon mit wenig Aufwand ist es möglich, dass du dir dein Selbstvertrauen zurückholst. In nur kurzer Zeit wirst du merken, dass sich dein Wesen zum Positiven verändert. Auch Menschen in deinem näheren Umfeld werden schnell bemerken, dass du an dir „gearbeitet" hast.

Es ist absolut nicht notwendig, dass du dir materielle Dinge anschaffst, um dein Selbstwertgefühl zu steigern. Dies ist ein Trugschluss, denn du kannst noch so viel besitzen. Wichtiger ist, wie es in dir aussieht. Diese kleinen und leicht umzusetzenden Tricks helfen dir dabei, dein Selbstvertrauen zurückzugewinnen. Es ist gar nicht so schwierig.

Lächle

Sei kein Miesepeter. Davon bekommst du nur Falten. Lächle. Das Lächeln, welches du aussendest, kehrt zu dir zurück. Probiere es aus. Selbstbewusste Menschen treten freundlich auf.

Körperhaltung

Kopf hoch, Brust raus und Raum einnehmen. Mach dich nicht klein und vor allem nicht kleiner als du bist. Zeige, dass du bist und wer du bist.

Sag' es

Natürlich solltest du nicht immer drauf „lospoltern" und erst überlegen, bevor du sprichst. Gar keine Frage. Aber: Äußere ruhig deine Meinung. Habe eine Meinung. Schwimme nicht mit dem Strom und nicke nicht alles einfach nur ab. Frag nach, zeige Interesse und vertrete deine Position.

Dankbarkeit

Menschen neigen leider dazu, öfter über das nachzudenken, was sie nicht haben. Sei stattdessen dankbar für das, was du hast. Schätze dich selbst, deine Familie, deine Freunde und deine Bekannten. Das kleine Wörtchen „Danke" kann ruhig auch öfter von dir ausgesprochen werden, wenn es angebracht ist. Dabei fällt dir nicht gleich ein Zacken aus der Krone. Auch ein Kompliment kann gerne mit einem kleinen „Danke" angenommen werden.

Was hast du schon alles geschafft?

Auf was in deinem Leben bist du stolz? Was hast du bereits erreicht? Was hast du gelernt? Was hast du vielleicht mit deinen eigenen Händen erschaffen? Was kannst du gut? Fertige dir eine Liste mit schönen Dingen an, die du in deinem Leben schon geleistet hast. Bewahre diese Liste gut auf und schaue sie dir ab und zu ruhig an. Es werden sicherlich hin und wieder einige Punkte hinzukommen. Sei stolz auf das, was du schon erreicht hast.

Bilde dich weiter

Du gewinnst ebenso an Selbstvertrauen, wenn du dich weiterbildest. Informiere dich deshalb über beispielsweise geschichtliche Themen oder über das aktuelle Weltgeschehen. Verbessert sich deine Allgemeinbildung, kannst du Nachrichtensendungen besser verstehen und Gesprächen folgen, die in diese Richtung gehen. Dein Selbstvertrauen wächst.

Mach' etwas Neues

Du gewinnst an Selbstvertrauen, wenn du etwas machst, was du noch nie gemacht hast. Mache daher etwas, was du immer schon machen wolltest. Du wirst merken, dass es dir guttut.

Augenkontakt

Schaue den Menschen, die sich mit dir unterhalten, in die Augen. Suche Augenkontakt. Augenkontakt ist ein starkes Zeichen für Selbstbewusstsein. Übe daher. Wenn du deinem Gegenüber nicht in die Augen sehen kannst, signalisiert dies Unsicherheit oder erweckt sogar den Eindruck, als wolltest du etwas verbergen. Ein direkter Augenkontakt hingegen strahlt Selbstbewusstsein aus.

Belohne dich

Belohne dich selbst. Du wirst merken, dass dies deine Laune steigert. Warum solltest du immer nur andere Menschen beschenken? Ob eine Tasse Kaffee oder ein Eisbecher im Eiscafé – gönn dir ab und zu etwas und beschenke dich selbst.

Mach' Sport - bewege dich

Bewegung tut gut. Du gewinnst nicht nur an Selbstvertrauen, sondern auch deine körperliche Fitness profitiert davon. Gehe joggen oder schwimmen. Natürlich kannst du auch Rad fahren oder ein Fitnessstudio besuchen.

Führe ein Tagebuch mit deinen positiven Erlebnissen

Tagtäglich wirst du positive Erlebnisse sammeln. Es können selbstverständlich auch Kleinigkeiten sein, die dich im Laufe eines Tages positiv beeindruckt haben. Schreibe diese (mindestens drei) am Abend eines jedes Tages auf.

Lasse deine Gefühle zu (es handelt sich sowieso um widerspenstige Dinger)

Gefühle können unterdrückt werden und für manche Lebensphasen ist das Unterdrücken von Gefühlen auch eine wichtige Überlebensstrategie. Es hat jedoch große Folgen, wenn wir unsere Gefühle über einen längeren Zeitraum oder immer wieder unterdrücken und diese nicht richtig wahrnehmen oder deuten.

Warum unterdrückst du eigentlich manche Gefühle?

Der Grund für das Unterdrücken der Gefühle ist sehr einfach und deutlich zu erklären. Niemand hat uns Menschen gezeigt, wie wir mit unseren verschiedenen Gefühlen wie Wut, Trauer, Angst, Scham oder Liebe umgehen sollen. Wenn auch unsere Eltern einige ihrer Emotionen unterdrückt haben, so tun wir es eben auch, weil wir es nicht besser gelernt haben. Jeder Mensch fühlt daher anders.

Genau aus diesem Grund können manche Gefühle also befremdlich sein und von Menschen daher nicht richtig gedeutet werden. Diese Gefühle erscheinen dir unheimlich und machen dir Angst. Es gibt dir deswegen Sicherheit, wenn du die Angst machenden Gefühle einfach unterdrückst. Somit brauchst du dich mit deinen Gefühlen nicht weiter beschäftigen.

Du denkst lieber weiterhin, denn in diesem Gebiet fühlst du dich sicher. Du lenkst dich ab, du putzt die Wohnung, du arbeitest ununterbrochen, du surfst im Internet, du suchst händeringend nach Tätigkeiten, mit denen du dich - anstelle deiner Gefühle - beschäftigen kannst - bis du irgendwann feststellst, dass unterdrückte Gefühle ziemlich hartnäckig sind und aus den tiefen deines Körpers wieder an die Oberfläche gelangen.

Schlimmer noch ist es, wenn du versuchst, deine Gefühle mit Alkohol oder anderen Drogen zu betäuben. Gefühle sterben auch auf Dauer nicht so einfach ab. Du betäubst sie, aber auch diese Wirkung lässt früher oder später nach – ein Teufelskreislauf.

Gefühle klopfen nicht an die Tür und fragen, ob es gerade passt. Sie tauchen einfach auf. Widme dich deinen Gefühlen. Lenke dich nicht von dir selbst ab. Nehme dich wahr. Achte auf dich. Betreibe Selbstfürsorge.

Was sind die Folgen unterdrückter Gefühle?

- Du fühlst dich ohne jegliche Anstrengung träge, energielos, erschöpft und müde. Das Unterdrücken deiner Gefühle kostet dich nämlich jede Menge Kraft.

- Du bist unkonzentriert. Du fühlst dich nicht wohl in deiner Haut und wirst ständig von den immer wieder auftretenden Gefühlen abgelenkt.

- Du wirkst emotionslos, weil du deine Gefühle nicht ordnen und deuten kannst. Du erlebst dein Leben daher manches Mal, als ob du es von einer Seifenblase aus, d.h. von außen betrachten würdest.

- Du legst keinen großen Wert auf deine Zukunft. Du nimmst deine Ziele nicht allzu wichtig, da du dich sonst eingehender mit dir beschäftigen müsstest

- Du gehst jeglichen Konflikten aus dem Weg, da jeder Konflikt das eine oder andere Gefühl in dir wecken könnte, welches dich dann zum Duell auffordern würde. Du müsstest dich also mit dem fremden Gefühl, welches dir Angst bereitet, beschäftigen.

- Du versuchst alles mit dir allein auszumachen. Du fühlst dich daher einsam und allein. Du

sprichst weniger und verschließt dich.
- Du hast Angst. Du bist sehr ängstlich und vermeidest daher bestimmte Dinge, die dich womöglich intensiver auf deine Gefühle aufmerksam machen könnten, die du viel lieber gar nicht fühlen willst.
- Du fühlst dich hilflos und gelähmt. Du bist erschöpft und hast große Angst vor deinem Leben und den Gefühlen, die im Laufe eines Lebens auf dich zukommen werden
- Du machst dicht und bist auch für andere Menschen nicht mehr zugänglich. Du verlierst Kontakte, da du bestehende Beziehungen nicht lange aufrechterhalten kannst.
- Du bist unruhig. Du hetzt von einem Termin zum anderen Termin, damit die merkwürdigen Gefühle erst gar keine Zeit in deinem engen Terminplan für sich finden.

Das Unterdrücken von Gefühlen vermindert immer die Lebensqualität eines Menschen. Wie öde wäre ein Leben, ohne Gefühle wie Liebe, Fröhlichkeit, Freude, Heiterkeit, Stolz, Dankbarkeit und Hoffnung? Wie menschlich wäre ein Leben dann noch? Wir sind doch keine Maschinen, wir können glücklicherweise fühlen – und dazu gehören auch die negativen Gefühle wie Ärger, Wut, Angst, Ekel und Traurigkeit.

Ein Leben ohne Gefühle muss also ziemlich langweilig sein. Und deine hartnäckigen Gefühle, die sich erst recht zu „Wort" melden, wenn du sie nicht anhörst, können große Schäden auf deiner Seele und in deinem Körper hinterlassen.

Dein persönliches Gefühl

Geben wir deinem Gefühl einen Namen.

Dein Gefühl heißt ab sofort *„Prob"*.

Prob ist ein negatives Gefühl, welches schon lange in deinem Körper bzw. in deiner Seele herumspukt. Prob tobt mal lauter und mal leiser in dir. Immerhin ist Prob zuverlässig. Wenigstens ist es immer bei dir und weicht nicht von deiner Seite. Es wirkt fast wie ein Haustier, welches dich auf Schritt und Tritt begleitet.

Du bist allerdings genervt von Prob. Andauernd meldet es sich zu Wort, macht sich bemerkbar. Es regt dich auf. Du willst dich einfach nicht mit ihm beschäftigen. Du unterdrückst es. Du lenkst dich ab, jederzeit, damit du dich auf keinen Fall mit ihm beschäftigen musst. So funktioniert es eine ganze Weile.

Bis Prob irgendwann die Nase voll hat. Prob wird

daher deutlicher bzw. energischer und bittet andere psychosomatische Symptome um Hilfe.

Somit ist Prob nicht mehr allein, um „an deine Tür zu klopfen". Prob hat nun Verstärkung von deinem Herzen bekommen, welches auf Hochtouren läuft, um dir mitzuteilen, dass Prob dir etwas Wichtiges zu sagen hat. Du hörst allerdings nichts, weil du nichts hören willst. Du hast keine Lust darauf und zudem auch keine Zeit für so etwas wie für ein Gefühl.

Schon bald unterstützt auch dein Magen Prob bei der Suche nach deiner Aufmerksamkeit. Das Resultat ist: du bekommst Magenschmerzen.

Solltest du die Alarmzeichen auch bis jetzt noch nicht ernst genommen haben, so erhält Prob womöglich einen weiteren Komplizen. Auch dein Ohr ist nun ein Teil des Prob-Teams und meldet sich mit Tinnitus zu Wort.

Hoffentlich ist nun spätestens die Grenze bei dir erreicht und du suchst einen Fachmann auf, der sich Prob mit dir gemeinsam anhört und ihr euch Schritt für Schritt an das Deuten deiner Gefühle herantastet.

Erst, wenn Prob sich erhört fühlt, wird es sich zurückziehen und dich irgendwann einmal ganz verlassen.

Du kannst Prob dafür danken, dass es dich eine Weile begleitet und nicht lockergelassen hat. Sei dankbar dafür, dass es dich auf die Probleme in deinem Leben hingewiesen und für eine Veränderung in deinem Leben gesorgt hat.

Vorbild trotz schlechter Vergangenheit – darf der das?

Prävention ist im Gesundheitswesen der Oberbegriff für Maßnahmen, um gesundheitliche Schädigungen oder Krankheiten zu vermeiden, das Risiko der Erkrankung zu verringern oder ihr Auftreten zu verzögern.

Eine solche Prävention wird oft von Menschen durchgeführt, die andere Menschen vor einer Zukunft, die so vonstattengehen könnte wie ihre Vergangenheit, warnen möchten. Sie möchten aufzeigen, was aus ihnen aufgrund ihrer Vergangenheit geworden ist. Ganz gleich, ob sie die Opfer- oder die Täterrolle in ihrer Vergangenheit „spielten". Sie nutzen nun ihre Gegenwart sowie ihre Zukunft dazu, andere Menschen zu alarmieren.

Du erhältst einige kurze Bespiele verschiedener Präventionsmaßnahmen, die durchgeführt werden, um andere Menschen vorzuwarnen:

1. Ein Drogenrausch in einer durchzechten Disconacht macht aus Tobias Hindt einen Schwerbehinderten, denn Tobias sitzt seit seinem 27. Lebensjahr im Rollstuhl. Der heute 47-Jährige hat es sich zur Aufgabe gemacht, Jugendliche in Schulen aufzuzeigen, was passieren kann, wenn man Drogen konsumiert. Immer wieder ist er in verschiedenen Schulen in Deutschland anzutreffen.

2. Kein Schulabschluss, keine abgeschlossene Berufsausbildung, Freiheitsstrafe, die zur Bewährung ausgesetzt wurde. Dies ist der Lebenslauf von Martin Buck. Martin Buck leidet seit Jahren unter starken Depressionen, die aus seiner Kindheit rühren. Er informiert Menschen in ganz Deutschland über das Thema „Depression" und schildert ungeschönt etliche Details aus seiner dunklen Vergangenheit. Regelmäßig ist er in Rehakliniken und Cafés anzutreffen, in denen er Lesungen gibt, die andere Menschen aufwecken und warnen sollen.

3. Pete Schneider. 31 Jahre. Verurteilt zu drei Jahren Freiheitsstrafe. Überhöhter Alkoholkonsum, Aggressivität und keine guten Zukunftsaussichten machten aus Pete Schneider einen Straffälligen. Ohne Grund schlug Pete auf Menschen ein, die er nicht einmal kannte. Seine Strafe hat er mittlerweile abgesessen. Nun besucht er junge Straftäter, die sich in einer Jugendvollzugsanstalt befinden, um diese vor schlimmerem Übel zu warnen.

Du bist nicht allein

Die einen befinden diese Form der Selbsthilfe für gut. Andere Menschen wiederum lehnen diese Form der Selbsthilfe strikt ab. Was du davon hältst, entscheidest du selbst. Vielleicht hilft es dir bei deiner Entscheidung, wenn diese Form der Selbsthilfe in diesem Kapitel einmal näher erläutert wird. Es handelt sich um Selbsthilfegruppen.

Die Anzahl der Selbsthilfegruppen in Deutschland ist enorm. Für fast jedes Problem gibt es mittlerweile eine Selbsthilfegruppe, in denen Themen wie Autismus, Spielsucht, Krebsleiden, Drogensucht, Einsamkeit und viele weitere Themen ausführlich monatlich oder sogar einmal wöchentlich mit anderen Betroffenen besprochen werden können.

Bitte sei dir darüber im Klaren, dass deine Teilnahme an einer Selbsthilfegruppe keine professionelle Therapiesitzung ersetzt. Es geht hier zwar um dein persönliches Problem; betrachtet wirst du hier allerdings mehr oder weniger als ein Teil des Ganzen und nicht wie in einer Einzeltherapiesitzung als Hauptbestandteil der Therapie, in der deine Charaktereigenschaften sowie deine bisherige Lebensweise, deine Erziehung und deine Kindheit, in der du geprägt wurdest, eine sehr wichtige Rolle spielen und somit in die Therapie einfließen würden. Genau diese Tatsache stört einige Gegner dieser Form der Selbsthilfe. Andere Menschen wiederum stehen ungern im Mittelpunkt oder möchten sich einfach mit Gleichgesinnten in einer geschützten Atmosphäre austauschen, Informationen sammeln und mit anderen Betroffenen in Kontakt bleiben.

In einer Selbsthilfegruppe setzt man sich auch im Großen und Ganzen weniger mit sich selbst, sondern eher mit dem Problem an sich auseinander. Vielleicht ist das auch ein Grund, weshalb einige Menschen die Einzeltherapie ablehnen und die „sanftere" Variante, die Selbsthilfegruppe, wählen. Man selbst ist doch eigentlich nur sehr selten das Problem, oder?

Andere Menschen benötigen zudem vielleicht keine Einzeltherapie, weil sie sich erst einmal nur durch die Teilnahme an der Selbsthilfegruppe intensiver mit ihrem Problem auseinandersetzen möchten. Im Anschluss daran oder parallel zur Selbsthilfegruppe kann so entschieden werden, ob das eigentliche Problem weiterhin ein Problem darstellt oder ob mittlerweile festgestellt wurde, dass der Mensch vor dem Problem selbst das Problem ist. Das mag zum jetzigen Zeitpunkt wahrscheinlich eher merkwürdig klingen, aber im Laufe einiger Therapiesitzungen oder der intensiven Auseinandersetzung mit sich selbst kann es gut sein, dass diese Erkenntnis, ähnlich dem Motto „Das Problem sitzt vor dem Computer" eintritt.

Oft heißt es auch, dass Selbsthilfegruppen das Problem nur vertiefen, weil alle Beteiligten in demselben Boot sitzen und sich gegenseitig herunterziehen, in dem jeder Einzelne regelmäßig von seinem speziellen Problem berichtet. Eine Selbsthilfegruppe darf daher nicht in eine „Jammergruppe" ausarten. Jeder Beteiligte hat demnach dafür zu sorgen, dass das nicht passiert, sondern dass die Probleme „am Schopf" gepackt werden.

Ein deutlicher Vorteil von Selbsthilfegruppen ist hingegen, dass du auf Gleichgesinnte triffst, die dich verstehen und deine Bedenken und Sorgen nachvollziehen und somit gleichermaßen ernst nehmen können. Du gewinnst somit an Sicherheit, denn in diesem geschützten Raum gibt es endlich Menschen, die genau wissen, wovon du sprichst. Wie man es auch dreht und wendet. Du wirst gut einschätzen können, ob du diese Art der Selbsthilfe in Anspruch nehmen möchtest oder nicht. Helfen kann es auf jeden Fall, wenn du bereit bist, dich auf die Gruppe, auf den Austausch mit anderen Beteiligten und auf die regelmäßigen Treffen einzulassen.

Der Schlüssel

Sollte dich deine Vergangenheit immer wieder einholen, weil du einen oder mehrere Menschen sehr verletzt oder weil du einen schwerwiegenden Fehler begangen hast, so lautet der Schlüssel zu deinem inneren Frieden „Verzeihung".

Auch wenn du verletzt worden bist, ist es wichtig, dass du diesem einen Menschen oder einer Gruppe von Menschen irgendwann verzeihst. Es ist nicht so, dass du dem Menschen, dem du verzeihst, irgendwann ein guter Freund sein musst oder ihr die Zukunft miteinander plant, wichtig ist nur, dass du – sofern du wirklich davon überzeugt bist – verzeihen kannst.

Verzeihen heißt abschließen. Um verzeihen zu können, ist es nicht nötig, dass du mit der Person, der du verzeihen möchtest, unbedingt Kontakt aufnimmst; es geht vielmehr darum, dass du innerlich verzeihst und mit deiner negativen Vergangenheit so Frieden schließen kannst.

Welcher Konfession du auch angehörst, falls du

überhaupt religiös bist, solltest du einmal von folgendem Ereignis gelesen haben. Hierbei handelt es sich nicht um einen religiösen Beitrag, sondern um das Thema „Verzeihung" im Allgemeinen.

Welche Größe muss ein Mensch besitzen, um verzeihen zu können?

Es war Mitte Mai 1981, um genau zu sein war es der 13. Mai 1981. Es war ein sonniger Tag, als mit einem Mal auf dem Petersplatz in Rom Schüsse zu hören waren, denn unter den Menschen, die dem Oberhaupt der katholischen Kirche zujubelten, befand sich auch ein Mensch, dessen Ziel es war, den Papst zu erschießen. Aus diesem Grund galten die Schüsse, die die Menschenmenge in Angst und Schrecken versetzten, Johannes Paul II.

Das Oberhaupt der katholischen Kirche war an diesem Tag in seinem offenen Wagen unterwegs zu einer Audienz. Der Attentäter verfehlte sein Ziel nur knapp, denn Papst Johannes Paul II starb nicht sofort, sondern wurde von einer Kugel in den Unterleib getroffen. Er sackte daraufhin zusammen. Erst nach mehreren Notoperationen und stundenlangem Bangen stand fest, dass der Papst das Attentat überlebt.

Festgenommen wurde auf dem Petersplatz der Türke Mehmet Ali Agca, ein damals 23-jähriger Mann, der aufgrund des Attentats zu lebenslanger Haft verurteilt wurde.

Noch im Krankenbett liegend soll Papst Johannes Paul II. seinem Attentäter verziehen haben. Später besuchte er diesen auch im Gefängnis und umarmte ihn.

Welche Größe muss ein Mensch besitzen, der einem Menschen verzeihen kann, der ihn eigentlich umbringen wollte oder vielleicht sogar noch immer umbringen will? Was meinst du? Ist es für dich nachvollziehbar, dass Papst Johannes Paul II. Mehmet Ali Agca verziehen hat oder bist du der Meinung, dass sich die gesamte Situation nach dem Attentat lediglich so abspielte, weil Papst Johannes Paul II. das Oberhaupt der katholischen Kirche war?

Die Versöhnungssteinchen

Da du nicht der Papst bist und als normaler Mensch dem Attentäter vielleicht auch nicht verziehen hättest, gibt es natürlich auch andere Varianten, wie du dich bei einem Menschen entschuldigen oder diesem mitteilen kannst, dass du ihm verziehen und mit der schlechten Vergangenheit abgeschlossen hast. Eine dieser Varianten ist das Versenden von kleinen Entschuldigungs- bzw. Verzeihungsbriefen, die kleine Steine, sogenannte Verzeihungssteine, beinhalten.

Sehr zu empfehlen ist in diesem Zusammenhang das Buch „Nur einen Horizont entfernt" von Lori Nelson Spielman. Es handelt von einer Frau namens Hannah Farr, die aus heiterem Himmel einen Brief von einer ehemaligen Klassenkameradin erhält. Die damalige Mitschülerin bittet Hannah in dem Brief um Verzeihung, da sie sie jahrelang während der Schulzeit gemobbt hat. In dem Briefumschlag befinden sich zudem zwei kleine Steinchen. Der eine Stein soll an die Absenderin zurückgeschickt werden. Allerdings nur, wenn Hannah ihrer einstigen Klassenkameradin verzeiht; der zweite Stein ist für Hannah selbst. Wenn auch sie einen Menschen hat, den sie um Verzeihung bitten möchte, so könne sie den zweiten Stein an diese Person weiter versenden. Hannah hat sofort eine Idee, an welche ihr nahestehende Person sie den zweiten Stein versenden kann.

Na, hättest du auch Lust und vor allem den Mut, diese Kettenreaktion bzw. diese Art der Verzeihung oder Entschuldigung auch in dein Leben zu übernehmen?

Mit dieser Geste können aus Steinen Brücken entstehen und der innere Schutzwall, den du in dir im Laufe der Jahre aufgebaut hast, stürzt so hoffentlich bald ein.

Keiner von uns kann die Vergangenheit ungeschehen machen oder auch nur im Geringsten verändern, aber wir können uns verändern und um diejenigen kämpfen, die es uns wert sind.

Und vor allem sollten wir um uns selbst kämpfen, damit wir einen Neubeginn wagen und starten können.

Seelsorge im Gefängnis

Menschen, die in einem hohen Ausmaß gegen die Gesetze verstoßen haben und anschließend ausfindig gemacht oder auf frischer Tat ertappt werden können, werden bekanntermaßen von der Polizei verhaftet.

Ein oben beschriebener Mensch, der straffällig wird, weil er beispielsweise eine Bank überfallen, Drogen verkauft, schwere Körperverletzung oder einen Mord begangen hat, wird in einer Gerichtsverhandlung verurteilt und ggf. für einen bestimmten Zeitraum inhaftiert.

Meist kommt der straffällig gewordene Mensch in dem Bundesland ins Gefängnis, in dem die Straftat ausgeübt wurde.

Die Person, die nun zur Freiheitsstrafe verurteilt wurde, hat also eine dunkle Vergangenheit hinter sich. Eine Vergangenheit, die weder rückgängig noch ausgelöscht werden kann. Er sitzt laut Gesetz also eine gerechte Strafe ab. Die Freiheitsstrafe.

Einige der straffällig gewordenen Menschen, die später inhaftiert werden, bereuen ihre Tat zutiefst und geben dies während ihrer Gerichtsverhandlung bereits bekannt. Im Gefängnis haben diese Menschen sehr viel Zeit über die ausgeübte Straftat, über ihre eigene Vergangenheit, ihre Persönlichkeit sowie über Ihre Zukunft nachzudenken. Auch nach der Inhaftierung geht das Leben weiter. Aber wie schafft es ein Mensch, der den rechten Weg bereits verlassen hat und auf die schiefe Bahn gelangt ist, seine negative Vergangenheit hinter sich zu lassen und noch einmal von vorne anzufangen?

Natürlich muss dieser Mensch sich erst einmal über das Ausmaß seiner Tat bewusst werden. Er muss seinen Fehler einsehen und den tiefen Wunsch verspüren, sich ändern zu wollen, seine Vergangenheit zu akzeptieren und nach vorn zu schauen, um nicht noch einmal straffällig zu werden.

Ein Aspekt, der dem straffällig gewordenen Menschen helfen kann, ist die Gefängnisseelsorge. Die Gefängnisseelsorge ist für alle Inhaftierten da, die sich beispielsweise in der Jugendstrafvollzuganstalt, im offenen Vollzug, in der Sicherungsverwahrung oder in der Untersuchungshaft befinden.

Die Gefängnisseelsorge kann von allen Inhaftierten, die den Wunsch danach haben, in Anspruch genommen werden. Der straffällig gewordene Mensch muss demnach keiner Konfessionsgruppe zugehörig sein.

In persönlichen Gesprächen kann durch die Gefängnisseelsorge individuell auf jeden einzelnen Inhaftierten eingegangen werden. Jeder von ihnen ist ein Individuum, was seine Nationalität, seinen familiären Hintergrund, seine Berufsausbildung, seine berufliche Tätigkeit sowie seine begangene Straftat betreffen. Die Gefängnisseelsorge kann in persönlichen Gesprächen gezielt auf jeden einzelnen Inhaftierten in einer speziellen Art und Weise eingehen.

Um die Lebenskrise des straffällig Gewordenen und die psychischen Belastungen, die mit der Inhaftierung und natürlich dem Grund der Inhaftierung einhergehen, zu bewältigen und vor allem den Inhaftierten dazu zu bewegen, sich mit dem Geschehen auseinanderzusetzen, um somit Umkehrbereitschaft zu entwickeln, gibt es die Gefängnisseelsorge, die sich den Gefangenen annimmt.

Damit der Inhaftierte, der kurz vor seiner Freilassung vielleicht mehrere Jahre hinter Gittern saß und somit über einen langen Zeitraum komplett von der Außenwelt abgeschottet bzw. isoliert war, seine Chance für seinen Neubeginn nach der Haft auch nutzt, gibt es die Entlassungsvorbereitung, die ebenfalls von der Gefängnisseelsorge angeboten wird.

Reden hilft

Die telefonische Seelsorge

Es kann demnach helfen, sich zu öffnen, sich intensiv mit sich und seiner Vergangenheit zu beschäftigen und vor allem zu reden. Oft ist es wichtig, dass du dir deinen Kummer von der Seele redest. Hierzu gibt es sicher viele Menschen in deinem Umfeld, die sich dir annehmen und mit dir über das, was dich belastet, sprechen. Der Austausch wird dir guttun. Wichtig ist, dass es kein einseitiges Gespräch bleibt, sondern jeder Beteiligte seine Bedenken und seine Einstellung zu allem Gesagten äußert.

Wenn du die Menschen, die dir nahestehen, nicht zu sehr mit deinem Kummer belasten möchtest oder du dich in irgendeiner Weise schämst, mit Freunden, Verwandten oder Bekannten über deine negativen Erlebnisse aus der Vergangenheit zu sprechen, dann kannst du dich auch an externe Stellen wenden, die dir zur Seite stehen werden. In Deutschland gibt es einige Organisationen, die eine telefonische Seelsorge anbieten, wie z. B. Folgende:

TelefonSeelsorge

Der Anruf bei der TelefonSeelsorge ist kostenfrei und anonym. Du musst deine persönlichen Daten nicht nennen, um Hilfe zu erhalten. Es handelt sich hierbei um eine bundesweite Organisation. Es steht dir bei einem Anruf eine ehrenamtliche Mitarbeiterin oder ein ehrenamtlicher Mitarbeiter zur Seite, der speziell ausgebildet wurde, um dir zu helfen.

Die Nummer gegen Kummer

Auch hier steht dir bei einem Anruf ein(e) ausgebildete(r) Telefonseelsorger(in) zur Seite, der dich zu allen Lebenslagen, die dich belasten und über die du sprechen möchtest, berät. Hierbei handelt es sich um eine Telefonseelsorge speziell für Kinder und Jugendliche. Aber auch Eltern können sich an die Nummer gegen Kummer wenden, wenn diese überfordert sind oder sich große Sorgen um ihr Kind machen. Der Anruf bei der Nummer gegen Kummer ist ebenfalls anonym und kostenfrei.

Dein Besuch bei einem Psychologen

Ein weiterer Aspekt, den du in Erwägung ziehen kannst, wäre der Gang zu einem Psychologen in deiner Nähe. Dieser wird nach einem Gespräch einschätzen können, was dich bedrückt. Er wird deine Probleme schnell erkennen und dich an die richtige

Stelle verweisen, die für dich und dein Problem angebracht ist. Schäme dich nicht. Du bist nicht gleich verrückt, nur weil du einen Psychologen aufsuchst. Es ist eher sehr klug von dir, weil du die Last auf deinen Schultern minimieren möchtest und dir dazu einfach Hilfe suchst. Hilfe kann man gut annehmen, denn nicht alles im Leben musst du allein ertragen.

Du wirst also was dein Problem bzw. deine Last aus der Vergangenheit betrifft, fachmännisch betreut, du kannst dir die Last von deiner Seele reden, Tipps erhalten und neue Ansichten gewinnen, die dein Problem verkleinern. Zumindest wirst du erfahren wie es dir gelingt, auch mit deiner negativen Vergangenheit eine positive Zukunft zu erreichen. Ganz einfach gesagt: Du wirst lernen, die Vergangenheit zu akzeptieren und Wege finden, die du nutzen kannst, um positiv in die Zukunft schauen zu können.

Nutze autogenes Training, um deine Vergangenheit loszulassen

Es erinnert etwas an ein Hörspiel. Vielleicht hast du als Kind gern Hörbücher gehört, weil du dabei prima abschalten und dich in eine andere Welt entführen lassen konntest. Warum greifst du nicht auch jetzt als Erwachsener auf diese Variante der „Traum-/Phantasiereise" zurück?

Du hast noch nie etwas von autogenem Training gehört?

Mit dem autogenen Training kannst du dich bewusst entspannen und dich an Orte träumen, zu denen du dich während deines Entspannungsmodus hingezogen fühlst. Auch um mit deiner Vergangenheit abschließen zu können, kann autogenes Training eine hilfreiche Variante für dich sein.

Das autogene Training wurde von dem deutschen Arzt Johannes H. Schultz im Jahr 1932 entwickelt. Johannes H. Schultz war ein deutscher Psychiater und Psychotherapeut.

Anders als bei der Hypnose kann man sich beim autogenen Training über die Selbstbeeinflussung in den

Zustand der Entspannung versetzen. Probiere es doch gleich einfach einmal aus.

Entspanne dich, setz dich gemütlich in einen Sessel oder lege dich entspannt auf ein Sofa. Mach es dir so bequem wie möglich. Vermeide Ablenkungen beispielsweise durch Geräusche. Stelle dein Handy deshalb für die Zeit der Phantasiereise aus oder versetze es zumindest in den Lautlosmodus. Spüre deinen Körper, die Schwere deines Körpers und lass dich auf deine Phantasiereise ein. Ob du deine Augen dabei geöffnet lassen oder du diese schließen möchtest, ist dir überlassen.

Damit du dich aber auch voll und ganz entspannen kannst, bräuchtest du jemanden, der dir den Text mit ruhiger und sanfter Stimme langsam, aber flüssig vorliest. Der Vorleser sollte den Text bevor es losgeht schon ein paar Mal gelesen haben, damit dieser mit dem Text vertraut ist.

Achtung: Da nicht jede Person für Phantasiereisen geeignet ist, solltest du folgende Hinweise beherzigen: Bei einer Borderline-Persönlichkeitsstörung, einer Schizophrenie und selbstmordgefährdeten Personen sollten Phantasiereisen nicht angewendet werden. Auch bei Trauernden sollte Vorsicht geboten werden. Die erste Phantasiereise sollte hier erst nach mindestens einem Jahr Trauerzeit angewendet werden.

Deine persönliche Phantasiereise

Du reist in deiner Phantasie zu einer großen mit bunten Blumen bedeckten, wunderschönen Wiese. Beim genaueren Hinsehen stellst du fest, dass du dich auf einer Lichtung inmitten eines grünen Waldes befindest. Auf der Lichtung wachsen neben weißen Gänseblümchen, außerdem gelber Löwenzahn, einige andere Blumen und viele Sträucher und Gräser, die du überall auf dieser Wiese wahrnimmst. Du atmest tief ein und nimmst den frischen Geruch der Blumenwiese wahr.

Der Himmel über dir strahlt in einem hellen blau – es sind vereinzelt kleine helle Wolken zu sehen, die langsam über deinen Kopf hinwegziehen. Betrachte die Wolken genauer. Hebe deinen Blick nach oben und nehme ihre Form und ihre Größe wahr. Beobachte, wie die Wolken langsam und in aller Ruhe über dich hinwegziehen.

Die Sonne strahlt und wirft ihre Sonnenstrahlen auf deine Haut. Du spürst die Kraft der Sonne, die Wärme ihrer Strahlen auf deinem Körper. Es handelt sich um eine angenehme Wärme. Spüre die Wärme, die sich in dir ansammelt.

Du bückst dich und berührst einige der Blumen mit deinen

Fingern, die dich in ihrer vollen Pracht förmlich anlächeln. Die Blumen duften. Du pflückst eine der schönsten Blumen, irgendeine, die dir gefällt und behältst sie, nachdem du sie ausführlich betrachtet hast, in deiner Hand. Du schlenderst so ein wenig über die Wiese. Du fühlst dich sicher und ausgeglichen während du über die saftig grüne Wiese läufst. Das Gefühl von Leichtigkeit erfüllt dich.

Schmetterlinge in allen möglichen Farben ziehen an dir vorbei und umfliegen dich spielend mit sanften Flügelschlägen. Schau' sie dir genauer an. Betrachte ihre Farben und beobachte, wie die Schmetterlinge dich förmlich umkreisen.

Die Schmetterlinge ziehen sanft weiter und dein Blick richtet sich nach vorn. Du nimmst nun die Vögel, die auf den Ästen der umliegenden grünen Bäume sitzen, wahr. Die Vögel zwitschern aus voller Kehle und singen förmlich ganze Frühlingslieder. Bleib noch einen Augenblick stehen und lausche ihrem Gesang. Einige von ihnen fliegen in Ruhe von Baum zu Baum. Andere Vögel wiederum bleiben auf ihrem sicheren Ast sitzen. Schaue dich um. Nehme deine Umgebung wahr.

Nun gehst auf die ringsherum stehenden Bäume zu und nimmst einen kleinen Ast vor deinen Füßen wahr. Du kniest dich erneut nieder und hebst den kleinen Ast auf. Er ist ziemlich stabil. Du spürst seine Form in deiner Hand und legst ihn anschließend wieder auf die Wiese zurück.

Nun gehst du weiter in die Richtung, die du zuvor eingeschlagen hast, da du die umliegenden Bäume näher betrachten möchtest. Ihr strahlendes Grün zieht dich förmlich an. Die Sonnenstrahlen fallen durch die Baumkronen auf den Waldboden. Du nimmst den weichen Boden unter deinen Füßen wahr. Schau zurück zu der Stelle, an der du zuvor gestanden hast. Nehme diese Stelle aus einer neuen Perspektive wahr.

Du drehst dich wieder zurück und gehst langsam weiter. In der Nähe der Bäume befindet sich ein kleiner Bach. Du gehst vorsichtig zu diesem Bach und hältst deine Hände hinein, um dich zu erfrischen. Jetzt fühlst du das kühle Nass zwischen deinen Fingern und das eben noch leise Plätschern des Baches ist in diesem Augenblick ganz deutlich zu hören. Eine richtige Erfrischung an diesem lauen Sommertag. Beobachte den Wasserlauf – handelt es sich um einen gerade verlaufenen Bach oder gibt es Kurven, die der Bach irgendwann einschlägt? Durch das klare Wasser hindurch kannst du sogar den Grund des Baches sehen. Du nimmst Steine wahr, Blätter, Sand und Erde. Durch die intensive Sonneneinstrahlung glitzert das klare Wasser auf seiner Oberfläche.

Gerade, als du dich von dem Bach entfernen möchtest, richtest du deinen Blick auf einen mächtigen Baum, der schon einige hundert Jahre alt sein muss. Seine großen Wurzeln verraten dir immerhin, dass dieser Baum schon etliche Jahre an dieser Stelle stehen muss. Du bewegst dich auf diesen Baum zu und legst deine Hände an seinen Stamm. Seine Rinde fühlt sich rau an. Du spürst die raue Oberfläche an deinen Fingerkuppen.

Streichle die Rinde des Baumes und berühre seine tiefhängenden Blätter, die du ohne große körperliche Anstrengung erreichen kannst. Du stellst dich dazu lediglich etwas auf deine Zehenspitzen. Seine Blätter sind riesig. Nehme ihre Farbe und ihre Form wahr. Nun richtest du deinen Blick auf den Waldboden, auf dem du mit beiden Beinen stehst. Fühle den weichen Waldboden und nehme den Geruch des Waldes wahr. Im Hintergrund plätschert der kleine Bach, an dem du dich gerade noch erfrischt hast. Erfasse deine Umgebung mit all deinen Sinnen. Nehme die ausreichend Zeit, um deine Umgebung detailliert zu betrachten.

Zu deinen Füßen, am Rande des Baumstammes, bemerkst du eine Kiste. Die Kiste schimmert im Sonnenlicht. Du kniest dich nieder und greifst nach ihr. Die Oberfläche der Kiste ist samtig. Schau dir die Kiste genau an. Betrachte ihre Form und ihre Farbe. Du öffnest den Deckel. Es befindet sich nichts in der Kiste. Die Kiste ist leer.

Es befindet sich also genügend Platz für deine negative Vergangenheit in der Kiste. Nun legst du in Ruhe ganz sanft nacheinander all die negativen Erinnerungen, die dich belasten, in sie hinein. Eine Erinnerung nach der anderen. Wenn du denkst, dass du alles Nötige abgeladen hast, dann kannst du den Deckel mühelos wieder schließen. Die Kiste kannst du, wann immer du willst, mit neuen Belastungen befüllen. Die Abgabe von Belastungen in diese Kiste ist immer möglich. Eingelegte Ereignisse aus der Vergangenheit verbleiben dauerhaft in ihrem Innern. Das heißt du kannst immer wieder, wann immer du willst, an diesen Ort zurückkehren und die Kiste nach deinen Wünschen weiter befüllen. Nun legst du die, mit deinen Belastungen gefüllte Kiste, nieder.

Zwischen den großen Wurzeln des Baumes, die im Laufe der Jahre an die Erdoberfläche geraten sind, befindet sich ein mittelgroßer Spalt, ja beinahe ein Loch. In dieses Loch legst du die von dir befüllte Kiste. Du legst sie behutsam, aber selbstsicher ab. All die einschneidenden Erlebnisse, mit der du die Kiste befüllt hast, legst du in das Loch des Waldbodens. Du fühlst dich leicht und frei. Die Kiste ist von den massiven Wurzeln des Baumes umgeben. Wenn dir danach ist, dann kannst du sie mit weiteren Naturalien, die der Wald hergibt, bedecken. Vielleicht findest du einige Stöcker oder Blätter, mit der du die Kiste bedecken möchtest. Was du auch immer dazu nutzt, die Kiste ist an diesem Ort gut aufgehoben und sicher verstaut.

Du siehst, wie deine Kiste mit deinen negativen Erinnerungen inmitten der Wurzeln liegt. Du bist erleichtert und verabschiedest dich mit einem kleinen Lächeln auf den Lippen von dem Baum und deiner Kiste, die immer an diesem wundervollen Ort verbleiben wird. Du stehst nun zwischen dem uralten Baum und dem kleinen Bach und blickst in die Richtung, aus der du gekommen bist. Leichten Schrittes begibst du dich zurück zu der Lichtung, zurück an die Stelle, an der deine Reise begonnen hat.

Begib dich nun langsam auf den Rückweg und kehre nach

Hause zurück. Das Gefühl der Erleichterung wird dich auf diesem Weg begleiten. Du atmest tief ein und spürst noch einmal die Wärme, die dich umgibt. Du verabschiedest dich nun auch von der Lichtung und spürst das Gefühl von Geborgenheit, Sicherheit und Kraft in dir.

Kehre nun aus deiner Phantasiewelt zurück. Fühle deinen Körper, strecke Arme und Beine. Bewege deine Füße. Atme tief ein und aus. Öffne nun deine Augen, aber bleibe ruhig noch eine Weile liegen. Atme nochmals tief ein und aus. Du bist voll und ganz wieder da, in der realen Welt.

Wenn du dich auf diese Traumreise einlassen konntest, dann hast du deine negative Vergangenheit nun zwischen den großen Wurzeln im Waldboden abgelegt. Diese Reise kannst du, so oft du möchtest, erneut durchführen und somit Erlebnisse, die dich belasten dort ablegen. Es ist dein persönlicher Ort, an den nur du reisen kannst.

Im Internet und in etlichen Büchern findest du weitere Texte für die Ausführung des autogenen Trainings, die zu verschiedenen Themen angeboten werden. Es gibt solche Phantasiereisen für Kinder, für Jugendliche und sogar für Paare. Das Angebot ist riesig.

Verändere dein bisheriges Leben

1. Verzichte auf die Frage „Was wäre gewesen, wenn…". Beschäftige dich nicht mit ungelegten Eiern. Verstricke dich nicht immer wieder selbst in diese Situation. Was gewesen ist, ist gewesen. Interessiere dich eher für das, was die Gegenwart bereits gebracht hat und für das, was die Zukunft bringen wird.

2. Nehme dir Zeit, um zu trauern. Die Zeit der Trauer gehört nach einem Verlust eines Menschen, ganz gleich, ob dieser von uns gegangen oder sich für ein Leben ohne dich entschieden hat, dazu. Wenn du Gefühle für diesen Menschen hattest, dann ist es ganz normal und vor allem menschlich, dass du trauerst. Gib dir die nötige Zeit. Unterdrücke die Gefühle nicht. Achte nur darauf, dass du das Gröbste der Trauerphase irgendwann abschließt und versinke nicht in Selbstmitleid.

3. Spreche mit Gleichgesinnten über dein Erlebnis. Der Austausch mit Gleichgesinnten wird dir sicherlich helfen, denn spätestens dann bemerkst du, dass du mit deinem bestimmten Problem nicht allein auf der Welt bist. Du kannst von den Gesprächen mit anderen Menschen profitieren und vielleicht nützliche

Tipps für einen besseren Umgang mit der Situation erhalten.

4. Wechsle deine Umgebung. Beginne einen Neuanfang und ziehe vielleicht (wenn möglich) in einen neuen Ort, um nicht immer und immer wieder mit alten Erinnerungen konfrontiert zu werden. So lernst du neue Menschen kennen und entdeckst neue Ecken und Orte, die „unbefangen" sind. Wenn du nicht gleich umziehen kannst oder möchtest, dann tut dir (vorerst) ein Urlaub vielleicht auch ganz gut, um in Ruhe über dich nachdenken zu können.

5. Habe Geduld. Setze dich nicht zu sehr unter Druck und erwarte nicht zu viel von dir. Schätze die kleinen Schritte, die du im Laufe der Zeit erreichen wirst. Schreibe sie dir vielleicht sogar auf und hänge sie an einen für dich sichtbaren Ort, damit du am Ende eines Tages auf deine Erfolge zurückblicken kannst.

6. Hole dir professionelle Hilfe. Von der Krankenkasse erhältst du auf Anfrage eine Liste aller anerkannten Psychologen, die dich unterstützen. Psychologen sind heutzutage ziemlich überlaufen, da du eben nicht die einzige Person bist, die über kurz oder lang psychologische Unterstützung in Anspruch nimmt. Schämen brauchst du dich daher auf keinen Fall.

7. Lerne, zu verzeihen. Gewinne an Leichtigkeit, in dem du verzeihst, anstatt dich über Dinge, die du nicht einmal selbst verschuldet hast, aufzuregen. Jede Aufregung kostet dich Kraft und Zeit. Und beides weißt du doch sicherlich besser einzusetzen. Spare also kostbare Energie und Zeit, indem du gelassener durch dein Leben gehst. Zu einer Entschuldigung gehört Mut. Schätze den Mut des Anderen und verzeihe.

8. Lebe im Hier und Jetzt d.h. lebe achtsam(er). Eine gute Achtsamkeitsübung kannst du ganz einfach draußen vor deiner Haustür durchführen. Unternehme einen kleinen Spaziergang an der frischen Luft. Nehme den Geruch deiner Umgebung wahr, achte auf die vorbeifahrenden Autos, ihre Formen und Farben, sehe dir die Wolken am Himmel an (betrachte ihre Größen und ihre Farben), beobachte spielende Kinder und spüre den Boden unter deinen Füßen. Jeden Tag wirst du, obwohl du den Weg schon etliche Male gegangen bist, so neue Eindrücke sammeln und aufnehmen.

9. Akzeptiere. Du musst es nicht gutheißen oder vergessen. Davon ist auf keinen Fall die Rede. Aber du solltest akzeptieren. Hinnehmen, dass etwas so gewesen ist, wie es gewesen ist.

10. Stopp! Rufe, sobald du bemerkst, dass dein Gedankenkarussell sich zu drehen beginnt, entweder das Wort „Stopp" oder spreche es lediglich in Gedanken (dann allerdings direkt und bestimmend) aus. Stelle dir dazu vielleicht sogar das rot-weiße Stoppschild aus dem Straßenverkehr dazu vor.

11. Schreibe. Schreibe dir deine Probleme, Sorgen und Ängste von der Seele. So bist du sie in einer Form immerhin schon einmal losgeworden. Den Zettel kannst du an einem sicheren Ort aufheben. Vielleicht hilft es dir auch, wenn du diesen Zettel beispielsweise verbrennst oder in einen Fluss wirfst, der den Zettel flussabwärts trägt. Sorgenpüppchen wären auch eine Alternative.

Jetzt bist du dran

Auch nachdem du etliche Informationen zum Thema „Vergangenheit loslassen" in diesem Ratgeber gelesen und sicherlich jede Menge nützliche Tipps erhalten hast, wie es funktioniert, deine negative Vergangenheit loszulassen, bist du natürlich immer noch der Mensch, der du auch warst, bevor du dich dazu entschieden hast, dieses Buch zu lesen.

So ist es und das ist auch gut so. Die Vergangenheit ist nun mal ein Teil von dir. Sie ist ein Teil deines heutigen Wesens. Versuche, auch wenn es dir noch so schwerfällt, etwas Positives aus deiner Vergangenheit zu ziehen. Natürlich fragst du dich nun, was an deiner negativen Vergangenheit schon positiv sein soll. Immerhin leidest du enorm unter dieser Vergangenheit, die dich bedrückt, ausbremst, belastet und manchmal vielleicht sogar nicht schlafen oder zur Ruhe kommen lässt. Ansonsten wärst du auch nicht auf diesen Ratgeber gestoßen und hättest deine Zeit nicht damit verbracht, dich über das Thema gründlich zu informieren.

Zweifelsohne sind deine aktuellen Gedanken nachvollziehbar, aber manchmal sind Menschen mit einer negativen Vergangenheit beispielsweise vorsichtiger was ihre Handlungen betrifft oder gelegentlich misstrauischer als andere Personen. Aber ist das unbedingt von Nachteil? Die Antwort lautet: Nein. Und aus diesem Grund hast du ganz bestimmt bereits wenigstens schon einen Vorteil im Kopf, den du aus deiner negativen Vergangenheit ziehen kannst. Falls nicht, so fällt dir mit Sicherheit noch ein Vorteil ein.

Sicherlich hast du auch ziemlich schnell die Erkenntnis gewonnen, dass die Ratschläge aus diesem Buch dich gewiss dabei unterstützen können, deine Vergangenheit loszulassen und du hast die Erkenntnis gewonnen, dass es Stellen gibt, an die du dich wenden kannst, wenn du einfach nur reden oder andere Menschen mit einer negativen Vergangenheit, die deiner ähnelt, kennenlernen möchtest, um nicht allein mit deiner Problematik zu sein. Umso wichtiger ist es aber, dass du selbst die Veränderungen vornimmst und erkannt hast, dass du, anders als der mächtige Zirkuselefant, nicht aufgeben darfst, indem du die Tipps umsetzt und die Veränderungen zulässt, die notwendig sind, um eine glückliche Zukunft führen zu können - deine glückliche Zukunft.

Um positiv in die Zukunft blicken zu können, ist es wichtig, dass du dir bewusst darüber bist, dass negative Dinge wie Krankheiten, Schicksalsschläge wie Unfälle oder Trennungen leider einfach zum Leben dazugehören, aber denke immer daran, dass das Hier und Jetzt zählt. Mach was aus dir und vor allem aus deiner Zukunft. Kopf hoch, Brust raus – das sind nicht einfach irgendwelche Sprüche, die man jemandem mit auf den Weg gibt, der eine große Aufgabe zu meistern hat. Du kannst mit einer selbstbewussten Körperhaltung dein körperliches Befinden, deine Wirkung auf andere, deine Gefühle und dein Selbstbewusstsein beeinflussen. Nutze diese Funktion und du wirst merken, dass deine Persönlichkeit an Stärke gewinnt. Du gehst so erhobenen Hauptes auf deine Zukunft zu. Freu' dich auf sie. Ihr werdet euch gut verstehen. Also, Kopf hoch, Brust raus. Reiche deiner Zukunft die Hand, seht euch dabei fest in die Augen, lächelt euch an und geht gemeinsam euren, deinen weiteren Lebensweg, über den von jetzt an du bestimmst.

Überlege dir, wie dein Leben in ein paar Jahren aussehen soll. Wie und wo willst du leben? Welchen Beruf möchtest du ausüben? Wohin wird deine nächste Reise gehen, wo wolltest du schon immer einmal hin? Wie willst du deine Freizeit verbringen? Auf welches Konzert wolltest du immer schon einmal gehen? Schmiede Pläne für deine Zukunft.

Setze dich aber auch hier nicht unter Druck; dein Wort des Jahres und des nächsten Jahres und des Jahres darauf… lautet: **LEICHTIGKEIT**. Behalte deinen Fokus dabei immer im Auge – eine positive Zukunft durch deine Veränderung.

Um dich über dieses Buch hinaus noch weiter mit den Themen Glück, Zufriedenheit und dem Loslösen von deiner Vergangenheit zu beschäftigen, möchte ich dir folgenden Videokurs an's Herz legen. Gebe folgenden Link ein, um mehr über den Kurs zu erfahren (Werbelink):

https://www.digistore24.com/redir/271773/madorn/

Dir hat dieses Buch gefallen oder du hast konstruktive Kritik? Dann würde ich mich sehr über eine ehrliche Rezension auf Amazon freuen!

Schaue dir gerne auch meine weiteren Bücher auf Amazon an:

Grübeln stoppen und innere Ruhe finden

Toxische Beziehungen und emotionaler Missbrauch

Hochsensible Menschen

Narzisstische Persönlichkeitsstörung

Haftungsausschluss:

Der Inhalt dieses Buches wurde mit großer Sorgfalt geprüft und erstellt. Für die Vollständigkeit, Richtigkeit und Aktualität der Inhalte kann jedoch keine Garantie oder Gewähr übernommen werden. Es wird keine juristische Verantwortung oder Haftung für Schäden übernommen, die aus der Anwendung der in diesem Buch gemachten Vorschläge resultieren. Der Inhalt sollte nicht mit medizinischer Hilfe verwechselt werden: Die in diesem Buch enthaltenen Hinweise stellen keinen Ersatz für kompetenten medizinischen Rat dar. Es kann auch keine Garantie für Erfolg übernommen werden.

Impressum

Martin Dörnhaus
Edelweißstraße 21
82110 Germering
m.doernhaus@gmx.de

Printed in Poland
by Amazon Fulfillment
Poland Sp. z o.o., Wrocław